a vida submarina

poesia de bolso

ana martins marques

a vida submarina

3ª reimpressão

Copyright © 2021 by Ana Martins Marques
Primeira edição publicada em 2009 pela Scriptum.

Grafia atualizada segundo o Acordo Ortográfico da Língua Portuguesa de 1990, que entrou em vigor no Brasil em 2009.

Capa e projeto gráfico
Elisa von Randow

Revisão
Ana Maria Barbosa
Valquíria Della Pozza

Dados Internacionais de Catalogação na Publicação (CIP)
(Câmara Brasileira do Livro, SP, Brasil)

Marques, Ana Martins
   A vida submarina / Ana Martins Marques. — 1ª ed. — São Paulo : Companhia das Letras, 2021.

   ISBN 978-85-359-3317-8

   1. Poesia brasileira I. Título.

20-32479   CDD-B869.1

Índice para catálogo sistemático:
1. Poesia : Literatura brasileira   B869.1

Maria Alice Ferreira – Bibliotecária – CRB-8/7964

Todos os direitos desta edição reservados à
EDITORA SCHWARCZ S.A.
Rua Bandeira Paulista, 702, cj. 32
04532-002 — São Paulo — SP
Telefone: (11) 3707-3500
www.companhiadasletras.com.br
www.blogdacompanhia.com.br
facebook.com/companhiadasletras
instagram.com/companhiadasletras
twitter.com/cialetras

sumário

barcos de papel 11
Âncora 13
Em branco 14
Margem 15
Espelho 16
Jardim 17
Caixa de costura 18
Aquário 19
Vaso 20
Barcos de papel 21
Lição de casa 22
Marinha 23
Relógios 24
Lanternas 25
Lugar para pensar 26
Caravelas 27
Trapézio 28
Reparos 29
Fogueira 30

arquitetura de interiores 31
sala 33
copa 33
cortina 34
camas de solteiro 34
pátio 35
cozinha 35
porta 36

jardim.. 36
quintal... 37
persiana... 37
quarto.. 38
telefone.. 38
altar.. 39
guarda-roupa.. 39
piscina... 40
banheiro... 40
encanamento.. 41
mesa... 41

a outra noite... 43
Batata quente... 45
Navios... 46
O desejo... 47
Bilhete... 48
Casa de praia... 49
Mapa... 51
A concha... 52
Confissão.. 53
A casa.. 54
Rito... 55
Conversações.. 56
Leque.. 57
Diário (verão de 2007)....................................... 58
Seda.. 62
O aquário.. 63

Como o alpinista... 64
Iceberg... 65
Nirvana... 66
Hotel.. 67
Jardim de inverno.. 69
A viagem... 71
A outra noite.. 72

episteme & epiderme..................................... 73
6 posições para ler... 75
Insônia.. 78
Ofício... 79
Relâmpagos... 80
Dardo... 81
Sobretudo.. 82
Alegria.. 83
Esforços de dicionário....................................... 84

exercícios para a noite e o dia...................... 87
Penélope (I).. 89
Manhã.. 90
Agenda... 91
Noite adentro.. 92
Horóscopo... 93
Pesos e medidas.. 94
Novembro.. 95
Memória (I).. 96

Verão... 97
Álbum.. 99
Paisagem de hotel..................................... 100
O inquilino.. 101
Migalhas... 102
Aritmética... 103
Memória (II).. 104
Penélope (II)... 105

caderno de caligrafia............................ 107
Papéis... 109
Três cidades e um braço de mar................ 112
Três ipês... 114
Dez desenhos escritos............................... 116
O lutador.. 119
Senha para Cecília.................................... 120
Self safári (Carta para Ana C.).................... 121
Nanquim... 122
Declaração.. 123
Criança... 124
Penélope (III).. 125

a vida submarina................................. 127
Linha de arrebentação............................... 129
Marinha.. 130
Irmãs.. 131
Arquipélago.. 132

O divórcio como sacramento........................... 133
Penélope (IV)... 134
Uma praia... 135
A vida submarina... 136
Timidez.. 138
Hospitalidade.. 139
Penélope (V)... 140
Figo... 141
Penélope (VI).. 142

Sobre a autora.. 143

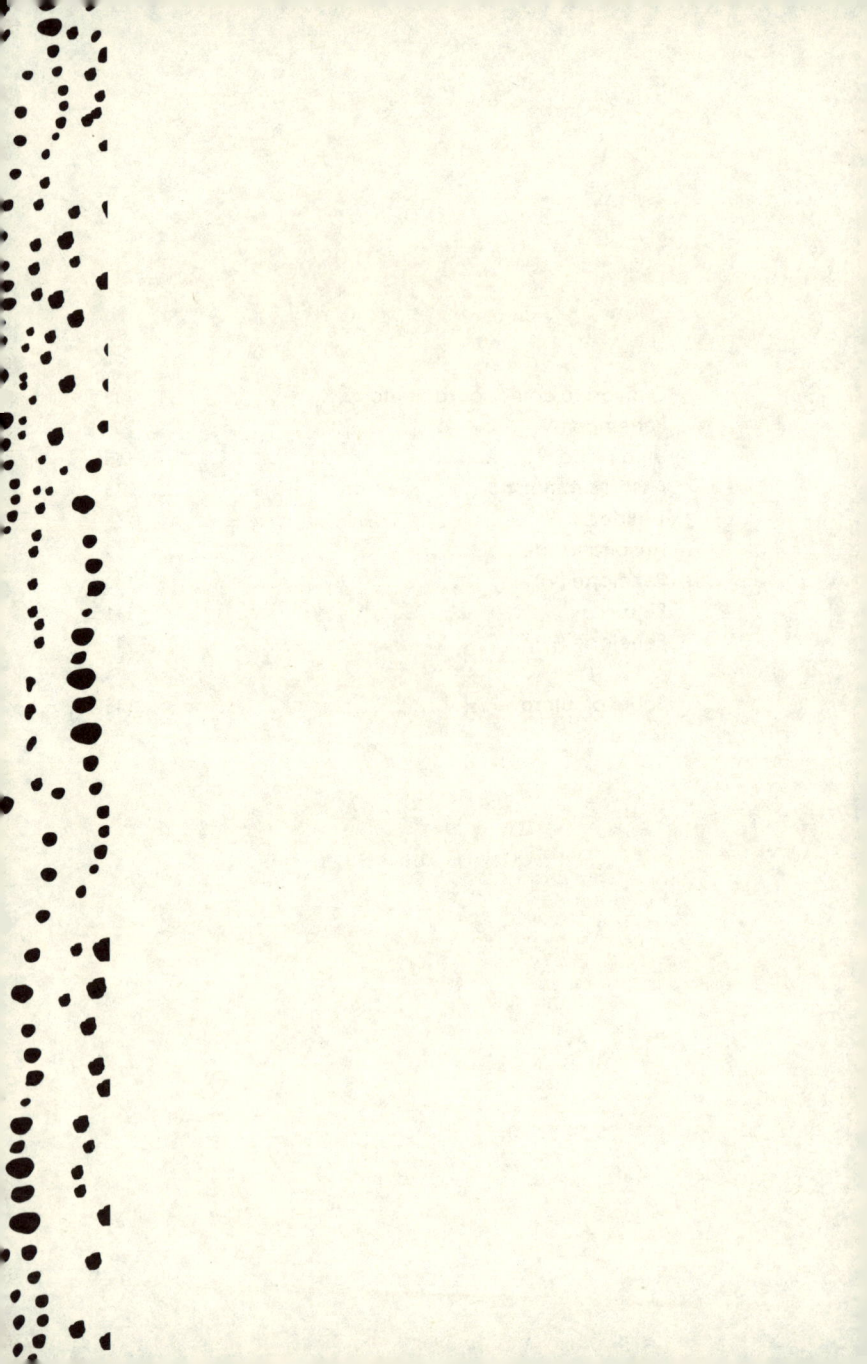

barcos de papel

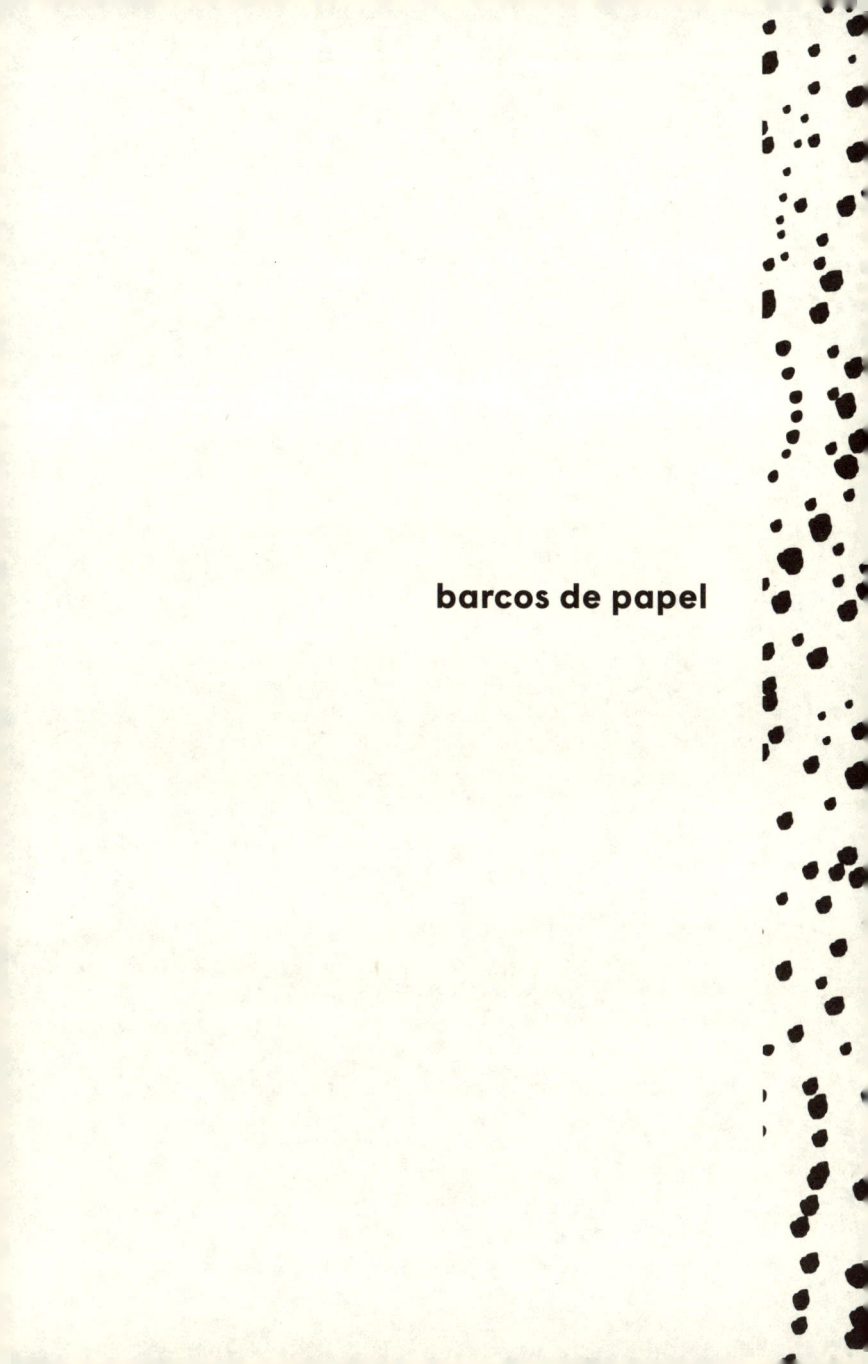

Âncora

O sol percorre
toda a extensão de um muro

Riscos na paisagem
escrita a lápis

A rua começa desde a escrita —
esta em que te sigo

Este poema é uma âncora:
é para que você fique sempre aqui

Mas fogem as horas sem carícias
horas que são como um tanque de peixes sem peixes

A minha mão cobre a sua
com sua sombra

Este poema, pesado, afunda.

Em branco

Dizem que Cézanne
quando certa vez pintou um quadro
deixando inacabada parte de uma maçã
pintou apenas a parte da maçã
que compreendia.

É por isso
meu amor
que eu dedico a você
este poema
em branco.

Margem

No final da página
como no final do mundo antigo
há um despenhadeiro.

Embora os que leem prosa em geral
se arrisquem mais
porque chegam quase à beira do abismo
cuidado ao chegar à borda do poema.

Espelho

Dentro do armário
do seu quarto de dormir
deve haver um espelho.

Se você sai
e deixa o armário aberto
durante todo o dia
o espelho reflete
um pedaço da sua cama
desfeita.

Se você sai
e deixa a porta fechada
durante todo o dia
o espelho reflete o escuro
do seu armário de roupas,
a luz contida dos vidros
de perfume.

Do outro lado do poema
não há nada.

Jardim

Se o jardineiro abandonasse no meio a tarefa
e cansado se sentasse numa cadeira
e gastasse toda a tarde
sob rosas gordas que são apenas rosas
e cegam de alegria
enquanto o jardim
nele mesmo
se contorce
tirando de dentro de si
o sexo intrincado das camélias
e a morte e a loucura dos lírios
e o tédio suburbano das goiabas
sob comoções antigas
talvez se sentisse um poeta
olhando o poema
que não sabe terminar.

Caixa de costura

Linhas soltas
brancas rubras
negras
emaranhadas:
a confusão é sempre enredar-se
em si mesmo.

Não há ternura
nos olhos do gato
que fita o novelo:
apenas atenção
para a narrativa.

O poema cerze
o que não tem reparo.

Aquário

Os peixes são tristes no aquário
mesmo que não conheçam o mar
alguma coisa neles quer o amplo.

No poema
morrem sem água
na primeira estrofe.

Vaso

Moldar em torno do nada
uma forma
aberta e fechada.

Palavra por palavra
o poema circunscreve seu vazio.

Barcos de papel

Os poemas em geral são feitos de palavras
no papel
seria melhor se fossem de pano
porque poderiam tomar chuva
ou de madeira
porque sustentariam uma casa
mas em geral são feitos de palavras
no papel
e por isso servem para poucas coisas
entre as quais não se encontra
tomar chuva
ou sustentar uma casa.

Dobrados sobre si mesmos,
lançam-se no mundo
com a coragem suicida
dos barcos de papel.

Lição de casa

Se as professoras soubessem
dos riscos
não mandavam escolares
escreverem poesia.

Ao contrário
nos livros de poesia
deveria estar escrito:
não tente fazer em casa.

Marinha

É mais fácil escrever um verso
sobre os barcos e o mar
(abrir uma praia de palavras)
do que pintar uma marinha.

Mas dizer
"há sempre um copo de mar
para um homem navegar"
vale mais do que quase todas as marinhas
e quase tanto quanto um barco
(embora certamente menos que o mar).

Alguns versos duram mais que um barco
e chegam a ir mais longe.

Vende-se um verso antigo
que ainda navega bem.

Relógios

Certos poemas atrasam-se sempre
enquanto outros adiantam-se sem remédio.

Nos poemas o ponteiro dos segundos
é mais lento que o das horas.

Mas ao menos ao poema
em geral não é preciso
dar corda.

Lanternas

Na noite
aceso
o poema se consome.

Lugar para pensar

Gosto de pensar no escuro
fumando
olhando os polvos no aquário
do restaurante chinês
ou com a cabeça encostada no vidro do ônibus.

Gosto de pensar com as mãos na água
de óculos escuros
na escada rolante
vendo a cidade fugir
pelo espelho retrovisor.

Gosto de tentar adivinhar
o pensamento das pessoas
gosto de pensar que o pensamento
é um inquilino incendiário.

Uma coisa que nunca entendi é por que
em geral se acredita que o poema
não é lugar para pensar.

Caravelas

Quando os peixes dormem
contra o jade da água
e o mar respira fundo
com o vigor das ondas
batendo contra os cascos desfeitos dos navios
(quando então os peixes mais pesados
sonham as sereias, os corais,
as águas-vivas, as enseadas e o sal)
sabemos que as mesmas marés
escondem recifes
e fabricam a espuma —
a regularidade é uma invenção delas:
as caravelas não são livres.

O poema aprende com o mar
a colocar os corpos em perigo.

Trapézio

Uma vez vendo um número de circo
apenas razoável
à noite
numa praça do interior
(tédio e susto, alcoóis fortes, lua baça)
foi que eu me dei conta de que
nunca houve um trapezista
que não estivesse apaixonado.

Todos os poemas são de amor.

Reparos

Algumas coisas
quando se quebram
são fáceis de consertar:
uma xícara lascada
uma estatueta de gesso
um sapato velho
uma receita que desanda
ou uma amizade arruinada.
Ainda que guardem
as marcas do remendo,
é possível que essas marcas
tenham um certo charme
como algumas cicatrizes.
Mas experimente consertar
um poema que estragou.

Fogueira

Quem me dera fazer com o poema
uma fogueira que ardesse só para ti.

arquitetura de interiores

sala

na sala decorada
pela noite
e pelo imenso desejo,
nossas xícaras
lascadas

copa

a luz do domingo acende o espelho vazio
flores baratas bebem da jarra
num instante sem malícia
enquanto na fruteira maçãs apodrecem sem gritar
e me olham das fotografias
os antepassados de alguém

cortina

por ela
o dia passa
puído

camas de solteiro

sob as flores das camisolas
— pequenas, iguais —
duas solidões
guardadas
lado a lado

pátio

lá fora
a chuva
continua
a funcionar

cozinha

nostálgicas de um tempo de intermináveis almoços
banha de porco alho pão açúcar sujeira
dias que vertiam leite vinhos fortes azeite mel
rituais sangrentos de morte carne sangue e fogo
alvoroço de primos cozinheiras e restos aos cachorros
as panelas de seu desuso observam
a mulher sozinha o jornal do dia o café solúvel
e duas xícaras irônicas no aparador

porta

a porta
como toda fronteira
é apenas para se atravessar
rapidamente ela já não serve mais
um corpo a corpo
e já se está do outro lado
dela nascem o fora e o dentro
ela que é seu vazio

jardim

a mesa de lata
a cobra verde da mangueira
os canteiros bobos de manjericão
e mato
as rosas enrugadas como tias
atraindo formigas como xícaras mal lavadas
os brinquedos esquecidos
estragando-se de espaço
servidos todos de seu alimento
de sol e nuvem

quintal

para a tristeza de uma vida sem colheita
para a indignidade da decoração
essas plantas foram vindo
como cães domesticados
cada uma de uma cor

persiana

a luz
em leque
desenha
o dia
vertical
fenda
aberta
para o
teatro
consumado
do sol

quarto

neste mesmo quarto
há muito tempo
você me ensinou
novamente a nudez
e então chamamos isso de amor
mas era exagero

telefone

ao lado do telefone ficam os papéis para rabiscar
casas flores arabescos um gato uma meia-lua
ficam canetas cadernetas propagandas contas a pagar
e, caída num canto, aquela palavra
que você não disse

altar

nesta tarde não haverá mais nada
uma vela se consome
à toa

guarda-roupa

seu vestido de verão
sem você dentro
não é um vestido de verão
porque no vestido o verão
era você

piscina

ó mar
(eu também não sei onde começo)

banheiro

ali se vai para
sujar-se
lavar-se
e olhar o próprio rosto
envelhecer o espelho
mas ficou decidido que o que ali se passa
não cabe num poema

encanamento

a água escoa nos canos como o tempo escoa em teu corpo
de ampulheta
a casa vive na circulação secreta dos canos
a eletricidade pensa a casa por dentro

mesa

mais importante que ter uma memória é ter uma mesa
mais importante que já ter amado um dia é ter
uma mesa sólida
uma mesa que é como uma cama diurna
com seu coração de árvore, de floresta
é importante em matéria de amor
não meter os pés pelas mãos
mas mais importante é ter uma mesa
porque uma mesa é uma espécie de chão que apoia
os que ainda não caíram de vez

a outra noite

Batata quente

Se eu te entregasse agora o meu amor
aceso como ele está,
como ele está, pesado,
você o trocaria rapidamente de mão,
você o guardaria um pouco na esquerda,
um pouco na direita,
por quanto tempo antes de o passar adiante?

Navios

Dão voltas e voltas os navios
que não têm mais por que partir:
não há mais continentes por conquistar.
Velas, bússolas, mapas
restam também
sem utilidade:
nenhuma direção é nova
ou desconhecida,
até a dor encontrou sua medida.

O desejo

Sou alérgica ao desejo
como ao mofo, ao mar,
aos gatos, ao leite,
aos lugares fechados, a certas flores.
Sou alérgica ao desejo —
doem-me os olhos,
incham-me as pernas,
o sexo arde
como uma caixa de abelhas
lacrada.
O desejo acende-me
como uma casa incendiada;
o desejo me deixa
sem mais nada.

Bilhete

Eu deixei um bilhete sobre a mesa para quando você acordar. Eu tive que sair muito cedo e não sabia exatamente que palavras deixar. Eu queria te dizer várias coisas sobre a noite, coisas que começariam com palavras claras e doces, mas ligeiramente ácidas, e depois um pequeno segredo e uma declaração firme e discreta e por fim uma frase que seria fria por fora e quente por dentro como uma sobremesa francesa. Mas foi tão difícil, o sol batia de leve sobre a mesa, você dormia tão próximo e eu ainda não tinha calçado os sapatos, o que certamente interferiu um pouco na minha caligrafia. Seu apartamento de manhã ainda decorado com os restos da noite. Eu não sabia o que dizer, e se a única caneta que encontrei era vermelha você pode supor meu sobressalto e então eu apenas escrevi
É tão tarde, mas
eu estou pronta
se você estiver
e desenhei sem cuidado no canto esquerdo do papel um pequeno veleiro.

Casa de praia

É fácil confundir um verão com o outro.
A mesma luz cega, os mesmos dias iguais,
a mesma exiguidade das roupas,
o mesmo excesso de condimento no corpo
e na comida, o mesmo luxo de primos
(cruel, cruel, era o melhor brinquedo).
Os dias cresciam de dentro para fora,
nós próprios crescíamos
sem cuidados, como esboços apressados
de nós mesmos.
O verão do maiô vermelho,
o do biquíni azul com listras,
aquele em que pela primeira vez comemos lagostas,
lambendo os dedos com pressa e nojo,
um em que queimei o pé, o verão das alergias,
aquele em que ventou sem parar,
o do passeio de barco
no rio estendido como um silêncio
que não acaba mais,
o dos sorvetes de frutas estranhas,
paladar de noites ásperas.
O primeiro porre, estrelas cadentes
na praia morna.
Os colchões na varanda
para ler aos mosquitos.
Banhos, silêncio, menstruação, mangas.
É fácil confundir um verão com o outro,
um amor com o outro.
O rastro que o sol deixa em um corpo
ou que um corpo deixa em outro.

O primeiro beijo salgado,
sob o olho irônico do sol
(você chegou perto
tão perto
encostou seu ouvido direito
para ouvir o mar em mim).
A rua estreita, a noite tão maior.
O ardor seria do amor
ou do primeiro cigarro?
Quem me queimou assim
foi o sol
ou o desejo?

Mapa

Escolhi a cidade
— um ponto escuro no mapa,
cercado de silêncio.
Na cidade
há uma casa que espera,
há um verão que espera,
vermelho e doce.
Há na cidade mulheres desconhecidas,
meninos,
ruas largas e estreitas.
Há um nome no mapa
que corresponde às mulheres
e aos meninos e às ruas.
Há na cidade um ritmo
para os acontecimentos,
um modo determinado
de fabricar cansaços.
Na dobra do mapa —
ao norte da cidade —
há um lago escuro, peixes,
asfalto, capim.
A cidade —
um ponto no mapa —
está cercada de silêncio.
Por isso
o meu olho
forasteiro
a escolheu.

A concha

Não foi apenas o amor (deixe-me)
que nos levou àquela praia em plena segunda-feira
tudo menos o meu coração era quieto
o sol contra o seu corpo
(mas quem poderia ser contra o seu corpo?)
você sorria tanto (deixe-me) e eu me lembro
de já então ter pensado
como seria triste o dia em que eu não te amasse mais
em que (deixe-me) você não me amasse mais
você falou alguma coisa como
este dia nós o encontramos
e eu (deixe-me) disse alguma coisa como
sim, nós o encontramos como a esta concha
e você (deixe-me) disse
sim, mas infinitamente mais precioso
e (deixe-me) quase tão frágil.

Confissão

Eu já vi flamingos no descampado
contra o fundo de casas tristes
mas você é mais bonito.
Eu já me apaixonei por quinquilharias
em feiras de bairro
mas não como me apaixonei por você.
Eu já desejei ardentemente doces enjoativos,
cigarros e umas sandálias verdes
mas não como te desejei.
Eu já menti por ninharias,
capricho, necessidade
mas nunca fui tão sincera
como quando menti pra você.
E nunca fui tão feliz
quanto quando fui infeliz
ao seu lado.

A casa

A casa sonha um jardim de roseiras desordenadas
sonha a madeira a cal a sesta
sonha o vidro e sonha pequenos animais ariscos
adormecendo nos cantos
sonha a si mesma e aos quartos que não tem
à noite
enquanto nem eu nem você podemos dormir
(porque o amor acabou, e o excesso de palavras
por dizer
tornou nossos corpos pesados,
tão mais pesados do que eram
naquele tempo em que ainda se visitavam,
enquanto a sua boca falava dentro da minha
sobre lugares que estavam à nossa espera,
que envelheciam sem nós)
a casa (todo o horror das mobílias,
dos objetos que tocamos,
dos lençóis sujos da falta do seu corpo,
das coisas que testemunharam
os dias felizes e os outros)
sonha tempos vazios
ainda sem nós
ou depois de nós.

Rito

Como se a conhecesse de cor
repito com as mãos a curva das tuas costas
(teu corpo te veste lindamente)

vasculho teu corpo até encontrar
algo que do meu corpo
eu não sei

ignoramos porém
o nome das coisas que trocamos

comovidos com o sofrimento do pássaro
com o destino da seda
da nossa própria dor
erguemos um altar para a noite
uma noite para nada

saliva, silêncio, cigarros

ninguém testemunhará
o rito.

Conversações

Falamos longamente nestas tardes
como num alpendre de palavras
o sol por trás
falamos longamente e sem cuidados
vamos descascando uma a uma nossas frases
e jogando os restos numa bacia cheia d'água
às vezes demoramos no silêncio
enquanto desmanchamos nas mãos
o sexo de uma flor
inventamos opiniões
discordamos por esporte
somos enigmáticos
como biscoitos da sorte
enfiando os pés descalços na terra
enquanto inventamos um passado um para o outro
falamos longamente e sem cuidados
mentimos como namorados
recitamos versos nossos
como se fossem de outros
somos ainda mais cínicos do que somos
debochamos do que mais amamos
falamos e falamos e falamos
enquanto comemos, fumamos e enchemos
de álcool
a distância entre nós.

Leque

Contra o fundo da noite
desenha-se
a sua nudez
simples
como um lápis

pele de
penumbra
poças de
rosas quentes

luz diagonal
nos lençóis
de há pouco

e por fim
você se abre
como um leque.

Diário (verão de 2007)

dia 5
chegamos tarde, a casa desorganizada
e suja (alguém disse: a maresia come
como um bicho)
em vez de limpar, sentamos no chão,
abrimos garrafas
bebemos quase em silêncio
longamente
noite adentro.

dia 7
acordo bem cedo para ver
os peixes vão morrendo prateados
sem gritar
imagino coisas que nem as redes
capturam
à noite, deitada na praia,
vejo fogos de artifício
queimando sobre o mar.

dia 8, manhã
um gato atravessa o pátio
decido que não te amo mais
nunca ficam boas as fotografias do mar.

dia 9, tarde
grifo no livro uma frase sobre peixes voadores
esse livro nunca acaba
cozinho batatas, durmo a tarde inteira
não te amo mais.

dia 10, manhã
as casas cercadas beiram a praia
pomares impossíveis
escondem pássaros roucos
de qualquer forma não há nada nessas casas
para apaziguar o medo
como são tristes estes jardinzinhos de areia.

dia 11, tarde
espero todos irem embora para viver
enfim
na casa vazia.

dia 13, manhã
todo mundo fica irritado quando digo
que novamente não vou à praia
F. em especial
empresto a máquina para as crianças e peço
fotografias do mar.

dia 14, manhã
lendo na varanda
vários cavalos passaram em frente à casa
cavalos negros, sólidos, rápidos
a eles eu perguntaria
o que fazer do meu desejo.

dia 17, noite
cigarros & cigarras
por um momento
recordo como era simples e alegre te amar
ainda é tarde
nas fotografias.

dia 18
hoje é a chuva
que lava os pratos.

dia 19
passei quase todo o dia olhando as mãos
coloquei-as no sol
para que se queimassem de uma luz limpa
tudo o que toquei não foi feliz
vontade de me ferir, de carregar coisas pesadas.

dia 20, manhã
na praia você encontra uma estrela das redondas
vou mostrar às crianças
para provar que o mundo é estranho
sentamos lado a lado e de repente
estamos rindo entregues de novo
ao hábito feliz das palavras.

dia 21
ninguém ainda reparou que eu não te amo mais
caminhamos a tarde toda
o grande mar desfocado por trás.

Seda

É tão difícil amar
neste mundo imperfeito
é difícil dizer alguma coisa
que não seja um equívoco
é difícil encontrar
o peso correto
das coisas
saber nosso próprio tamanho
olhar alguns bichos nos olhos
pensar com doçura
aproveitar adequadamente a luz
desejar para o pássaro um destino de pássaro,
para a seda, um destino de seda.

O aquário

Por isso chego em casa tarde
e triste
e durante muito tempo olho
como se olhasse dois peixes no aquário
meus olhos alcoólicos no espelho

penso que os gestos que fizemos foram feitos
tantas vezes

e penso em teu sexo
quente
calado
em outra cama.

Como o alpinista

Como o alpinista ama o vazio das grandes alturas
e o mergulhador ama o silêncio da profundidade
e inveja nos peixes abissais
a monstruosidade escura da vida
como o taquígrafo ama a velocidade do sentido
e o seu segredo
e o jardineiro ama a demora ríspida das orquídeas
como o fotógrafo ama o claro e o escuro do mundo
e o boxeador ama o encontro
da exatidão e da força
como o tipógrafo ama o peso mudo das letras
e o filólogo o ninho quente das palavras
e o gramático o fulgor cego das exceções
e o alfaiate a resistência branca do linho
e o tintureiro a cor justa
e a manicure a cor justa
como o biólogo ama a multiplicidade muda do mundo
e o marinheiro ama o regime do céu e das águas,
que ecoa a decisão repetida de partir,
como o tatuador ama a página imperfeita da pele
e o joalheiro ama o que as pérolas sabem
da espera
assim eu desejaria te amar
não fosse este tumulto, e esta derrisão
e o medo.

Iceberg

Nossa infância separou-se de nós
como um iceberg
nós a olhamos afastar-se
lentamente
o brilho cego do gelo contra o sol
e tudo o que dizem que há por baixo.

Nirvana

Você silenciosa em meus braços nua por baixo
da minha camiseta do Nirvana
deitados no tapete fumando o mesmo cigarro
seu cabelo molhado cheirava a shampoo
e também a vagas marinhas e penhascos à noite,
sal e coral
(não me lembro se chovia)
suas mãos fechadas em torno da caneca de café
quente
eu colocava um disco depois do outro e enchia
de palavras
esta sala ainda hoje quase sem móveis
foi neste momento então que eu deveria ter dito
o que hoje
porém
seria ridículo dizer.

Hotel

Na mesma cama em que outros
se amaram com ternura ou
rispidez ou tédio
acordamos de madrugada

a luz azul da televisão
cortada volta e meia
por erráticos faróis

os mariscos ferventados
em suas conchas, que abríamos uma a uma
e sem pressa

de dia o calor e o cheiro doce
de hidratante, você só lê
os livros que eu trago

seu corpo seu corpo
seu corpo
desenhado pelas persianas

não vão caber na mala
as coisas que compramos
com a estupidez de turistas

as janelas sob as quais
travestis passeiam de um lado a outro da calçada
conversando mais alto que o mar

você nua no escuro bebendo água
a luz da geladeira
como um holofote

o que superará
o prazer destas noites alugadas
a preços de baixa temporada?

Jardim de inverno

> *I keep thinking of you — which is ridiculous.*
> *These years between us like a sea*
> Edwin Morgan, *The divide*

Mesmo as xícaras
que você nunca lavava
agora me lembram você

o pequeno jardim de inverno
está morto
como uma estúpida metáfora

uma metáfora ressequida
que triste destino para um jardim
(você possivelmente diria)

fico tentando adivinhar
suas frases, os dias são longos diálogos de um
— é tão patético

o primeiro beijo
longe da sua boca
me deu vontade de rir
        de gargalhar

e quando ele finalmente
me toca, estou quase tão seca
quanto o jardim

nos dias mais tristes
escrevo para você
nos dias mais alegres
seria capaz de te enviar
estas linhas
acompanhadas talvez de uma folha
de um desses arbustos que só você
conhecia pelo nome

o síndico pergunta por você,
depois me olha como se o divórcio
acabasse de ser inventado

nós riríamos disso juntos
e que não possamos fazê-lo
é o mais triste
entre tudo

é realmente ridículo que eu
ainda pense tanto em você
o pensamento é estúpido
como um síndico

às vezes me pergunto
por que as pessoas instalam em casa
um quadrado de coisas que morrem.

A viagem

Que coisas devo levar
nesta viagem em que partes?
As cartas de navegação só servem
a quem fica.
Com que mapas desvendar
um continente
que falta?
Estrangeira do teu corpo
tão comum
quantas línguas aprender
para calar-me?
Também quem fica
procura
um oriente.
Também
a quem fica
cabe uma paisagem nova
e a travessia insone do desconhecido
e a alegria difícil da descoberta.
O que levas do que fica,
o que, do que levas, retiro?

A outra noite

> *possa para mim esta noite/ durar duas noites*
> Safo de Lesbos

Há uma noite para os jogos
e uma para as juras

uma para os raptos
uma para os ritos

uma para o erro
uma para o êxtase

Penélopes são todos os amantes
destecendo de noite
o que tecem de dia

na noite do poema
outra noite
se anuncia.

episteme & epiderme

6 posições para ler

na cachoeira

Quando o corpo finalmente encontra lugar
na pedra quente
abre
um livro mineral
com a atenção dividida entre o céu e as letras,
que o sol ofusca,
e a página torna-se branca
como a água.

na cama

Os parentescos entre a leitura e o sono
estão por ser estudados.
Ambos exigem uma espécie de concentração
às avessas.
Em ambos pensa-se em nós
o pensamento de um outro.
Ambos se fazem melhor na cama.
Nem sempre a posição é confortável,
mas o conforto não é tudo.
Os parentescos entre a leitura e o amor
estão por ser estudados.

em voz alta

Uma ginástica da voz:
cordas e musculatura
para apanhar no voo
as palavras,
que — de novo soltas no ar —
rapidamente
passam.

no trem

Um livro em viagem corta a paisagem
(um meridiano)
pela janela se escrevem cidades rápidas
enquanto corro a viver
o que ainda não li.

para alguém

Leio-te
estas palavras
que não são minhas
nem tuas
mas desde agora
nossas
leio-te
para alargar o deserto
do que somos
do que temos
a perder
leio-te para te impedir
de escrever
para não estarmos
enfim
sós
leio-te
nomes
soltos
para outros
mas desde já
para nós.

na praia

Quando se confundirem a areia e as letras e o ritmo das ondas se impuser ao ritmo das palavras e quando as nuvens passearem pelas páginas e quando tiveres nas mãos um livro quente terás lido.

Insônia

As noites lúcidas se passam assim
às claras
com os olhos lavados e as mãos cheias de sal.
Tocas com a boca o contorno exato das horas
e sentes o baque surdo do coração em viagem.
Regressas, no entanto, para a cidade vislumbrada em sonho
e seus brinquedos de silêncio e água.
Regressas para a espera e para a escrita
como em todas as noites sem ninguém.
E acordas tarde,
o dia alto te saúda sem ênfase
como te saúdam os espelhos.

Ofício

Ao fim do dia
recolho o silêncio
como uma caixa de fitas.

O coração, um arco.

Tudo o que eu arrisco
se abate sobre mim
como uma fera nova
— abelha violeta, seu êxtase.

Trabalho dias seguidos
uma morte que não entendo.

Relâmpagos

Certas máquinas são feitas para o esquecimento.
Há dias em que sinto trabalharem em mim
as confusões do relâmpago.
Então coleciono letras, órbitas, radares.
A linha que me liga aos quadris dessa noite imensa
é a mesma que sai da garganta aberta do dia.
Vejo as estrelas desenharem-se em constelações,
sei muitas coisas rápidas, precisas,
por alguns instantes.

Dardo

Existe o corpo,
o eixo dos joelhos, as dobras,
a força teatral dos membros, o gosto acre,
o extremo silêncio,
as mãos pendentes.
Existe o mundo,
as savanas e o iceberg,
as horas velozes, o falcão,
o crescimento secreto
das plantas, o repouso dos objetos
que envelhecem no uso, sem dor.
Existe o poema,
um dardo atirado a coisas mínimas,
à noite, às cicatrizes.
Um secreto amor os une,
as mãos na água, a memória do verão,
o poema ao sol.

Sobretudo

Educado pelo trabalho dos anos
o corpo aprende as posições da espera e da fuga,
do desencontro e do abandono.
E ao umbigo — essa primeira cicatriz —
virão juntar-se
outras feridas, mudas e intratáveis.
Cada corpo tem sua história de desejos,
seu volume lentamente forjado
no embate com os ruídos do dia.
O coração
como uma ave transpassada
pela seta do silêncio.
A vida secreta das vísceras.
E a coluna como uma estante para suportar
o peso de tudo.
Mas nós mal suportamos o sobretudo.

Alegria

para a Ludi

Nos dias em que o dia
parece coincidir com o teu desejo,
aguardas entre coisas que aguardam,
e entre coisas que ardem, ardes.
Aprendeste com os bichos os nomes dos bichos
e com o mar
o amor enorme do mar.
E então estás alegre como um pátio
como uma coisa de barro
posta sobre a mesa.
Tens nas mãos um livro quente
de coisas para cantar.
Toda a geografia do verão.
Dispões de palavras suficientes
para o mundo de que dispões,
e a tua idade coincide com a idade que tens,
e as horas do dia equivalem
às horas do teu corpo acordado,
e a isso chamas alegria.
Mas há também dias de desenfreado desencontro
em que as tuas mãos incendeiam o que tocam
e a tua boca ultrapassa as palavras
e o teu amor não sabe do que é amor
e o teu corpo está agudo e esbarra
e não cabe no mundo,
corpo de limalha e noite sibilante.
E a isso chamas também alegria.

Esforços de dicionário

Laranja

Pele perfeitamente aderida
à forma iluminada, que oferece a cor
para fora,
balão de luz entregue ao círculo
e ao sol, lanterna inutilmente acesa
para o dia.
E assim se conhece a laranja,
desde que se não a abra.

Espelho

Água estancada
e exata
como um lago
com quatro cantos.
Devolve-nos o rosto impensado.
Nunca morre.
Mas repara: vai envelhecendo conosco.

Mãos

Uma trabalha mais que a outra.
Dividem o peso dos anéis.
Uma nunca aprendeu a escrever.
Com isso a outra tornou-se mais silenciosa,
mais firme, mais acostumada ao adeus.
Em alguns gestos entram as duas
numa mesma coreografia
como quando é necessário contar algo
mais que cinco.
Aceitam as manchas dos anos
como solteironas
que envelhecem juntas.

Dicionário

Quem visita as suas páginas encontra
na luz mineral dos tipos redondos
a alegria da definição.
Resta no entanto uma tristeza
de bicho enjaulado: as palavras fitam-nos
de entre as grades
com seus olhos de pantera
enclausurada.
Assim deve se sentir também aquele
que procura definir com um seixo
uma ostra aberta.

**exercícios
para a noite e o dia**

Penélope (I)

O que o dia tece
a noite esquece.

O que o dia traça
a noite esgarça.

De dia, tramas,
de noite, traças.

De dia, sedas,
de noite, perdas.

De dia, malhas,
de noite, falhas.

Manhã

Esta é a fruta da manhã —
sua carne clara.
Esta é a hora perigosa:
um outro dia oferece-se ao sol
para adoecer ou cantar,
o mundo é novo mas os olhos são antigos,
e aprenderam a reconhecer antes
de aprender a olhar.
Esta é a noite da manhã,
a noite mais alta da noite,
aquela que desenhou o pensamento
do corpo que ofereço
ao espelho da luz, à solidão e ao café.

Agenda

O dia:
branco guarda-sol

A tarde:
amplo guarda-nuvem

A noite:
negro guarda-chuva

O dia:
maçãs ligeiramente ácidas

A tarde:
frutas mornas, açúcar

A noite:
figo, fruta-flor

O dia:
o amor dos pássaros

A tarde:
o amor dos gatos

A noite:
o amor dos cães.

Noite adentro

Atado a um barco na noite
o sono curva-se sobre si mesmo,
entregue ao movimento secreto das ondas.
Durmo, acordo, vem dos livros fechados
o cheiro escuro dos sargaços.
Neste quarto, noite adentro, percebe-se
a presença perturbadora do mar:
nas estantes, nos tapetes, nos móveis submersos.
Nas paredes lisas de cansaço.
Sou jogada no sono de um sonho a outro,
lançada entre corais, como um peixe
que dorme na ressaca.
Quando for preciso novamente
acordar para o dia,
o mar terá se afastado lentamente
e voltado a ocupar o lugar
onde o vejo
pela janela esquerda do quarto.

Horóscopo

Há duas ou três promessas
espreitando o dia.
Indícios de visitas
e incêndios.
Saúde, mas nenhuma alegria.
Distrações e esquecimentos no trabalho.
No amor talvez não seja bem isso.
Indiferença não é uma saída nesta hora.
Família e dívidas preocupam.
Os astros continuam rodando à toa.
Impossível domar
a fera que te habita
o signo inexato.

Pesos e medidas

Me serves
como luas de papel servem
a um arco em chamas.
Coisas brancas de ar,
dias que se alongam como cordas
amarradas a andaimes.
Relógios indicam a distância dos astros,
bússolas apontam para a noite.
Não te esqueças de que também eu
aprendi nos desertos a fala imensa dos poços.
Entre as coisas que se escondem
cheguei a ser a mais bela;
entre os objetos quietos fui o mais feliz.
Junto a lugares distantes
de praia e luz
desvendei a matéria
preparada pelo tempo:
velozes vespas do nada.

Novembro

É este o mês em que corro perigo.
Dou voltas em torno do meu corpo desconhecido,
como um cão habitado,
e tento aprender lentamente os seus desertos.
Faço a contabilidade dos dias,
respiro com os objetos em ruína,
como se isso me assegurasse a vida.
A noite aproxima-se perigosamente dos meus gestos,
desaprendo algumas palavras
esqueço furiosamente.
É este o mês em que me entrego viva
ao susto das manhãs, ao medo alegre das viagens.
O esquecimento traçou em meu corpo
o arame do desejo,
por isso o mês me ultrapassa lentamente,
os pés procuram desnudar-se
e querem coisas de lã,
de areia,
a boca acende-se como um coração,
como um coração as mãos se armam de incêndios.
É este o mês do próximo sobressalto de amor,
mês de horóscopos desastrados.
Dele não espero nada.

Memória (1)

As unhas não guardam
marcas dos amores que,
delicadas, destroçaram.

Os olhos não retêm
a memória das imagens
indecifradas.

Com a lembrança pousada
na praia antiga de um beijo,
procuro
desatenta
traçar o mapa do desejo,
sua secreta geografia.

Verão

Os dias não são firmes
ou compactos,
são dias de férias,
dias claros e abertos,
libertados do calendário,
dias que lembram aqueles outros dias,
de uma outra infância,
que talvez nem tenha havido.

Queremos que o sol
nos manche a pele,
que a areia nos machuque,
gastamos todo o nosso dinheiro
em cervejas quentes,
deixamos a água nos salgar o corpo
e nos despir de tantos outros produtos
(os cremes, os crimes).

Desses dias aceitamos tudo,
seu alvoroço e seus adereços,
acendemos cigarros salgados
e deixamos a luz ferir nossos olhos,
alongamo-nos em conversas quebradiças
como essas estrelas que encontramos.
Excluídos uns dos outros,
mas disponíveis para o sol,
aceitamo-nos
como um lagarto
aceita outro.

E no fim da tarde
— o sol deixou seus indícios, nossos corpos traçados,
não há nada a contar
além do mar e sua repetição,
suas águas nos educaram em um silêncio instável,
de espuma,
movemo-nos no ritmo
das amendoeiras da praia
— estamos mais porosos,
temos mais sede,
despertamos em nós
certos pensamentos submarinos
e uma memória forjada
na carne clara de esquecer.

Mas isso você não pode ver nestas fotografias.

Álbum

Nunca estivemos juntos em uma fotografia.
Era sempre eu, os olhos baixos,
o sorriso desajeitado,
ou tu, o olhar distante, quase antigo,
sempre mais bonito do que és.
Assim não temos com que nos acusar.
De alguma forma, porém,
meu embaraço te revela, como me revela
tua beleza inexata.
Por via das dúvidas
achei melhor queimar.

Paisagem de hotel

Lá fora a cidade
brilhando
de uma luz não usada.

Sobre a cama vazia
a camisa vazia
que despi.

E as unhas
meias-luas
num cinzeiro.

O inquilino

Entre a cadeira e a noite
estás como inquilino no quarto dos objetos quietos.
Lâmpada pendida
sobre o sono
cheio de imagens.
O lençol sujo da falta
de quem não veio esta noite.
E a luz que queima em silêncio
dentro do copo.

Migalhas

Entre a toalha branca e um bule de café
seria inapropriado dizer
que eu não te amo mais.
Era necessário algo mais solene,
um jardim japonês
para as perdas pensadas,
um noturno de tempestade
para arrebentar de dor,
uma praia de pedras para chorar
em silêncio, uma cama alta
para o incenso da despedida,
uma janela
dando para o abismo.
No entanto você abaixa os olhos
e recolhe lentamente as migalhas de pão
sobre a mesa posta para dois.

Aritmética

Dizem que o amor sempre
se concentra mais em um:
dois terços da dor em um,
duas vezes mais empenho
na narrativa dos dias conjuntos,
uma organização maior dos ritos,
mais horas dedicadas
ao trabalho do corpo alheio,
menos desejos distraídos,
maior concentração do olhar
nos sais das fotografias,
três vezes mais
a noite recomeçando
pelo lado do coração,
uma disciplina maior das viagens
em nome do futuro, uma linha vermelha
demarcada
com mais força
entre o antes e o depois do encontro.
Poderia ser eu, mas desta vez
foi você.

Memória (II)

Num dia
em que não havia nada
no teu corpo me deste
abrigo.

Hoje o dia estende-se
repleto
enxames de olhos
passeiam horas de movimento
na cidade aberta aos ruídos.

No entanto este dia
me lembra
aquele.

Penélope (II)

A trama do dia
na urdidura da noite
ou a trama da noite
na urdidura do dia
enquanto teço:
a fidelidade por um fio.

caderno de caligrafia

Papéis

Papel aéreo

Depois de sobrevoar a toda velocidade
cidades acesas como um cenário escolar
— um pano negro salpicado de estrelas —
uma carta atinge em cheio
as mãos
em que as minhas caberiam
perfeitamente.

Papel de parede

Deixo passar o dia por um
moinho de imagens
traço de memória
um mapa da infância — o desejo preso
numa trança caprichada —
encontro palavras cheias de silêncio
como balões de borracha
ordinária
enquanto
neste quarto
minha insônia é velada
por umas flores feias.

Papel de escritório

Escrevo teu nome
no papel timbrado.

Na minha mesa
entre o telefone e o cacto
o teu nome é uma pedra clara.

Do teu nome
(como uma flor ordinária,
mato)
cresce o poema.

O relógio na parede
marca as horas que não vivi.

No escritório estão vivos
o cacto e o poema.

Papel fotográfico

Um papel para o diário da luz:
essa escrita seria perfeita
não fosse o registro dos dias.
Antes dele porém espera
e em branca expectativa
me volta
sua face
sensível.

Papel de arroz

A Mira Schendel

Mira:
as coisas construídas oscilam
numa frágil arquitetura
(os papéis cultivados em campos
guardarão sempre a memória seca
dos dias alagados).
Também as palavras revelam somente o que escondem:
eis a solução de uma questão
delicada.

Peso de papel

As palavras desconhecem o curso
de um dia justo.
Há coisas que não se mostram,
ou que só se mostram escondendo-se.
Em cada palavra algo perdura
perigosamente intocado
pelo pensamento.
Algo com um centro,
inteiro em si,
fechado em si:
este peso de papel.

Três cidades e um braço de mar

Belo Horizonte

A cidade em que se nasce não é sempre a cidade em que se nasce. Às vezes é preciso partir, com os olhos descalços e o coração ignorado, em busca de um nascimento — os lugares são tantos e é tão difícil reconhecer-se num mapa quanto num espelho. Alguma cidade se investe num nascimento, entre a mineração e o mar. Alguma cidade se elege entre tantas para a vida, e nem sempre a vida de regresso. As cidades também foram inventadas e têm seu destino. As ruas cruzadas como as linhas das mãos.

Paris

Não estivemos ali, mas nosso amor,
como todo amor, alimentou-se das ruas
iluminadas e dos noturnos de cigarros
— o amor, um boulevard,
uma galeria envidraçada —
e por ele corre o mesmo rio
que atravessa silencioso a cidade
levando estranhos mortos de passagem.

Buenos Aires

Das longas avenidas que inventamos
sem nunca percorrer
senão com a boca suja de palavras
alguma ficará
para cenário
quando
numa noite
— mas não nesta —
um de nós deixar o outro
para sempre.

Um braço de mar

Entre estrondosas conversas e a algazarra das buzinas
calamo-nos.
Somos estranhos
e não só um ao outro —
falamos com a boca cheia de silêncio.
Mesmo entre montanhas
na tarde rarefeita estende-se
um braço de mar.

Três ipês

Ipê-roxo

Cansam-me as palavras,
sua energia rápida:
coladas à cidade
como uma roupa fechada,
sobrepondo-se a tudo,
cosidas a tudo.
Cansam-me; a elas se somam
as insistências da tarde,
os engarrafamentos sob o sol de agosto,
a ideia de amor,
que me incapacita para o trabalho,
a fadiga do trabalho,
que me inutiliza para o amor,
e a própria beleza do cansaço,
essas flores roxas no espelho retrovisor.

Ipê-branco

O poema quer ver em tudo o que é branco
uma lição de esgrima:
a página, de novo, devolvida
ao deserto ou à pérola.
No entanto o ipê sujou-se da rua,
branco descido ao convívio ordinário
da cor e das criaturas:
um muro caiado
uma cama desfeita
ou uma peça íntima esquecida
num lugar público.
Triste como uma nuvem no chão.

Ipê-amarelo

É inútil esse sol duplicado,
lâmpada acesa numa casa em chamas
(menos flor que febre).
É inútil, palavras acordadas
pela luz excessiva,
gema de um dia quebrado
(alguma coisa arde, sem amor,
e me deixa entregue ao sol,
desamparada entre coisas amarelas, condenada à alegria).

Dez desenhos escritos

No canto esquerdo
com traço grosso
e vermelho
uma maçã.
Se eu soubesse
não tinha posado
com meu coração
na compoteira.

*

Quadriculado
azul e negro
azul e negro:
piscinas à noite.

*

Vou fazer um desenhinho
que é pra você entender
o que eu queria dizer
mas não disse.

*

Sob este sol de carvão
vou escrever
umas palmeiras altas.

*

Dançando
desenho
o desejo
da dança.

*

Esta aquarelinha
vermelha
pendurada na parede:
aí está meu coração.

*

Você
na pista de dança
traçando círculos
de cigarro
contra o fundo
sem fundo
da noite.

*

As pedras as estrelas
os seios os aeroplanos
os lábios a lápis.

*

Se eu pudesse
punha um vidro em volta
deste museuzinho de palavras.

*

Eu não sei falar
as palavras certas
não sei demonstrar
teoremas
não sei traçar
mapas, diagramas
não sei interpretar
sonhos ou cartas
e só posso te dedicar
este desenho
que ainda não existe.

O lutador

Atingidas em combate
as palavras oferecem
sua outra face.

São poucas,
eu muitos.

Da luta vã
resta a manhã.

Senha para Cecília

Quem perdeu a vida
por delicadeza
ganhou-a decerto
numa outra mesa,
que os jogos da vida
para quem os joga
são feitos de perdas
e de novas provas.

O peso do mundo é leve,
mas não há quem o carregue.

**Self safári
(Carta para Ana C.)**

Ciganas
passeando
com um rosto escolhido
por paisagens cegas de palavras
traduzidas
inconfessas
rabiscos
ao sol.
Cotidianas
vivendo dias de diários
e mentindo descaradamente
nos silêncios das cartas
(selos postais
unhas postiças
versos pós-tudo).
Fulanas
de nomes reversíveis
para ir e voltar
sem sair do lugar:
self safári
por essa paisagem toda
que no fundo
Ana
nada tem a ver conosco.

Nanquim

Olhos de nanquim.
Escreves o dia
para teu próprio uso.
Calas como a fruta,
repartida de sol,
e que esconde,
em seus úmidos,
seus claros.
Ardes como a água
cheia de peixes vermelhos.
Repousas como as feras,
como as mãos fechadas,
teces com cordões
teu sono violento.
E em silêncio
bates a casa aberta
onde se mora e se morre,
onde o tempo trabalha
seus meios-dias,
seus punhais, sua cega luz.
E enquanto arquitetas a vida
com restos de vinho e copos de mar,
com linhas claras e escuras
e o troco do ônibus
e a dobra de noite do sexo,
bebes a luz do dia nas cervejas,
toda a tarde na espuma branca,
tanta alegria na esponja dessa dor,
tonto amor
nos olhos de nanquim.

Declaração

São três as palavras que não digo
três as formas da aflição.
Todas as frases que calo
todas as viagens que evitei
todos os gestos suspensos
amadurecem na espera seu extremo segredo.
Fico aguardando uma hora exata
que não vem.

Criança

Você veio para a vida.
Nela há coisas redondas
coisas de colorir
coisas de ser.

Há coisas de doer
e pensar
e patos e poemas e cidades
e a laranja e o mar.

Lugares varridos pelo sol
e nomes para quase todas as coisas
e coisas imensas sem nome
e imensas coisas de esquecer.

Coraçãozinho, coraçãozinho,
um bicho triste ficou alegre
quando você chegou.

Penélope (III)

De dia dedais.
Na noite ninguém.

a vida submarina

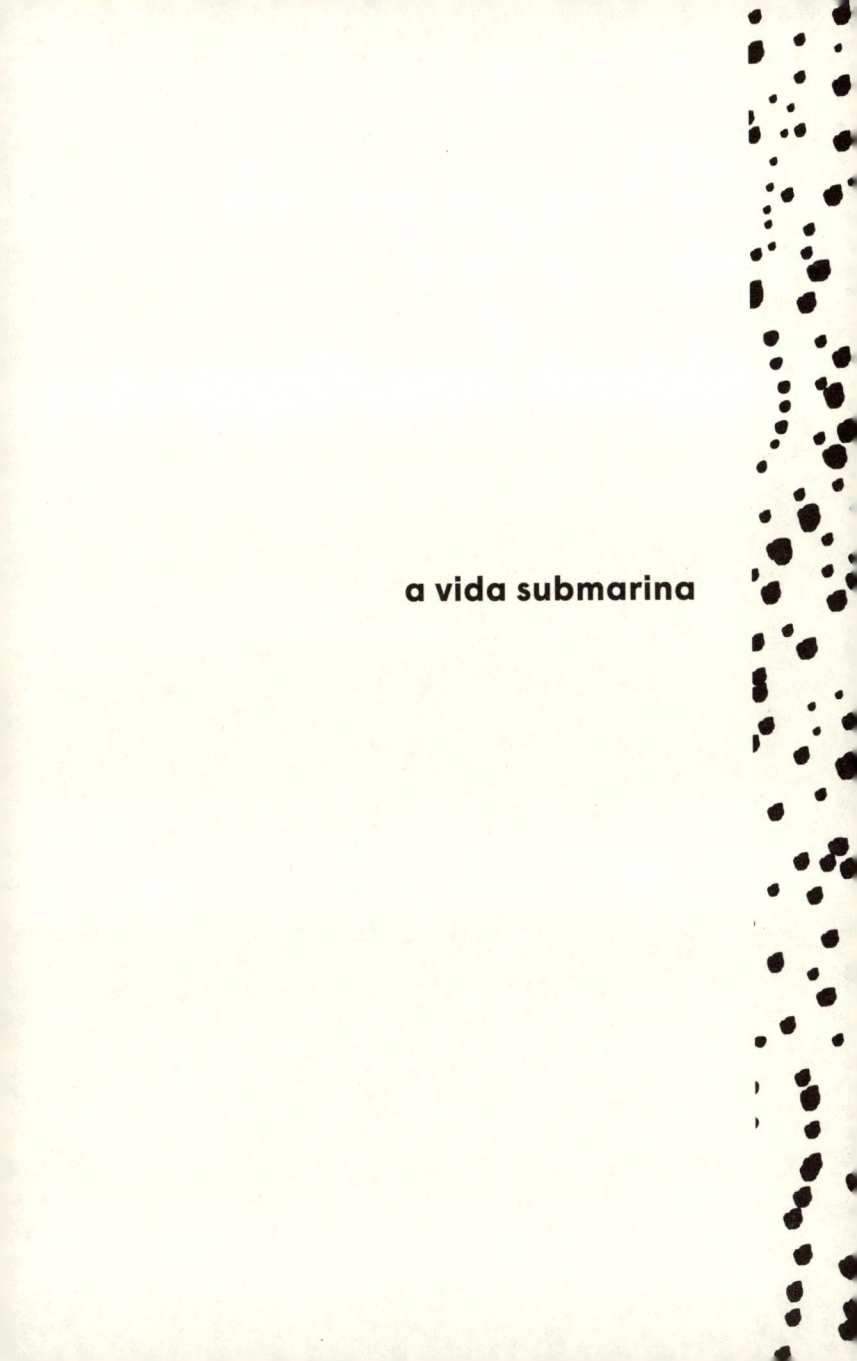

Linha de arrebentação

Enquanto os escafandristas
vasculham o fundo do mar, infértil,
atrás do peixe impensado,
detemo-nos
tumultuados
na linha de arrebentação.
Há um conhecimento na desordem:
as ondas arrastam e trazem coisas para a praia
— plástico, estrelas, conchas, cabelos.
Oferendas para a luz
inútil
do dia.

Marinha

Ardo-me peixe,
movo-me estranha
entre palavras
de escama e sal.
Calo-me ostra,
clausura de algas e sexos,
casa obscura
onde o desejo mora.
A água dessa noite é habitada,
esconde seus corais de perigo,
seus olhos abertos.
Invento um amor
de amplas janelas
sobre o mar sem praias.

Irmãs

Duas cadeiras
duas xícaras
duas tiras de manhã.

Uma estrela e a tarde
uma palavra e uma paisagem
uma lâmpada e uma lâmina.

Duas roseiras
como duas meninas
entrelaçam seus espinhos
à espera das rosas.

Arquipélago

É ele a ilha.
Entre nós, a água dorme
cheia de corais, ouriços,
peixes sem olhos.
Sou eu a ilha.
Entre a noite de sargaço
e o dia de coral,
recolho do mar infinito
a sede infinita.
Medimos a distância,
fazemo-nos sinais,
escrevemos com cuidado
a palavra que
numa garrafa
se lança ao mar
para a leitura das sereias
ou para a ciência do sal.

O divórcio como sacramento

Sabemos que o amor se mede
a metros de ausência.
No entanto ninguém celebra
a irrupção da distância.
O silêncio é um dardo,
não se pode ignorar
o que ele captura
(as sereias são mais terríveis
quando não cantam).
No entanto insistimos
em buscar os sinais,
quando deveríamos
insistentemente vasculhar
sua falta.
Amar o perdido,
os círios apagados.
O divórcio,
esse sacramento.

Penélope (IV)

E ela não disse
já não te pertenço
há muito entreguei meu coração ao sossego
enquanto seu coração balançava em viagem
enquanto eu me consumia
entre os panos da noite
você percorria distâncias insuspeitadas
corpos encantados de mulheres com cujas línguas
estranhas eu poderia tecer uma mortalha
da nossa língua comum.
E ela não disse
no início ainda pensei em você
primeiro como quem arde diante de uma fogueira apenas
                                                                     [extinta
depois como quem visita em lembrança a praia da infância
e então como quem recorda o amplo verão
e depois como quem esquece.
E ela também não disse
a solidão pode ter muitas formas,
tantas quantas são as terras estrangeiras,
e ela é sempre hospitaleira.

Uma praia

Na lembrança estamos lado a lado.
O que há entre nós não é capaz de distinguir-nos:
nem mel, nem palavras, nem todo esse tempo
que depositou sobre o amor
a camada firme dos anos.
Estamos quietos, solenes, atentos a tudo
o que não somos nós, quase indiferentes
a nossa própria presença.
Teu corpo silencioso repousa a meu lado
numa praia anterior à separação.
A todas as separações.

A vida submarina

Eu precisava te dizer.
Tenho quase trinta anos
e uma vida marítima, que não vês,
que não se pode contar.
Começa assim: foi engendrada na espuma,
como uma Vênus ainda sem beleza,
sobre a pele nasciam os corais,
pele de baleia, calcária e dura.
Ou assim: a luz marítima trabalha lentamente,
os peixes começam a consumir por dentro
o sal do desejo,
estão habituados ao sal.
Quando vês, a água inundou os pulmões,
neles crescem algas íntimas,
os olhos voltam-se para dentro,
para o sono infinito do mar.
As mãos se movem num ritmo submerso,
os pensamentos guiam-se pela noite
do Oceano, uma noite maior que a noite.
Tenho quase trinta anos e uma vida antiga,
anterior a mim.
Daí meu silêncio, daí meu alheamento,
daí minha recusa da promessa desse dia
que você me oferece,
esse dia que é como uma cama
que se oferece ao peixe
(você não haveria de querer
um peixe em sua cama).

Quem atribuiria ao mar
a culpa pela solidão dos corais
pelas vidas imperfeitas
dos peixes habituados ao abismo,
monstros quietos
só de sal, silêncio e sono?
Eu precisava te dizer,
enquanto as palavras ainda resistem,
antes de se tornarem moluscos
nas espinhas da noite,
antes de se perderem de vez
no esplendor da vida
submarina.

Timidez

Eu achava que a timidez
era a forma extrema da atenção,
o modo correto de visitar o deserto
e saber a idade exata que se tem.
Hoje sei da timidez apenas:
também o tímido esquece furiosamente,
aguarda com o coração incendiado
o centro dos encontros,
sabe de seus desejos
tão pouco quanto os outros
e persegue o próprio corpo
como um oriente.
Mas pressente,
antes de todos,
o fracasso do amor.

Hospitalidade

Minha boca recebe a sua como receberia
uma língua estrangeira
com a mesma atenção e a mesma inépcia
o seu corpo é um país desconhecido
que não sei como visitar
a hospitalidade é uma virtude tão antiga
quanto o desejo de partir
se você fosse um grego
me acolheria sem perguntas
e ofereceria sua cama
para o meu corpo cansado do mar.

Mas você não é.

Penélope (V)

A viagem pela espera
é sem retorno.
Quantas vezes a noite teceu
a mortalha do dia,
quantas vezes o dia
desteceu sua mortalha?
Quantas vezes ensaiei o retorno —
o rito dos risos,
espelho tenro, cabelos trançados,
casa salgada, coração veloz?
A espera é a flor que eu consigo.
Água do mar, vinho tinto — o mesmo copo.

Figo

Quem repara as minhas vestes
em chamas
tão inapropriadas
para o almoço de domingo?
Sorrimos e acrescentamos palavras à paisagem,
no entanto ninguém percebe o meu coração
ardendo
por baixo das flores do vestido.
Mastigamos a carne e o silêncio entre os dentes;
sabemos que de outras coisas é a fome.
O corpo — onde viver
senão num barco iluminado? –
enfeita-se para o esquecimento de si.
No quarto trancado,
repousa
sobre lençóis limpos
o desejo como um figo escuro,
seu gosto podre e doce,
amanhecido sobre a mesa.

Penélope (VI)

E então se sentam
lado a lado
para que ela lhe narre
a odisseia da espera.

Sobre a autora

Ana Martins Marques nasceu em Belo Horizonte, em 1977. Graduada em letras, tem doutorado em literatura comparada pela UFMG. É autora de *A vida submarina* (Scriptum, 2009; Companhia das Letras, 2021); *Da arte das armadilhas* (Companhia das Letras, 2011; prêmio Biblioteca Nacional em 2012); *O livro das semelhanças* (Companhia das Letras, 2015; prêmio Oceanos em 2016); *Duas janelas*, escrito com Marcos Siscar (Luna Parque, 2016); *Como se fosse a casa (uma correspondência)*, escrito com Eduardo Jorge (Relicário, 2017); *O livro dos jardins* (Quelônio, 2019) e *Risque esta palavra* (Companhia das Letras, 2021).

TIPOGRAFIA Wigrum
DIAGRAMAÇÃO acomte
PAPEL Pólen Bold, Suzano S.A.
IMPRESSÃO Lis Gráfica, maio de 2024

A marca FSC® é a garantia de que a madeira utilizada na fabricação do papel deste livro provém de florestas que foram gerenciadas de maneira ambientalmente correta, socialmente justa e economicamente viável, além de outras fontes de origem controlada.